青少年
親子教育課程

he
arenting teenagers
ourse

育有11至18歲
子的父母

組長手冊

aders' Guide

青少年親子教育課程— 組長手冊
The Parenting Teenagers Course - Leaders' Guide
(Traditional Chinese version)

出版者 Published by AAP Publishing Pte Ltd

ISBN: 978-981-07-5933-9

目　錄

歡　迎

非常高興你們決定舉辦青少年親子教育課程，也希望你們能和我們一樣享受這經驗、樂在其中。現今為人父母的壓力更甚以往，許多人需要幫助和支持。看到他們上完課後信心倍增，也比較不覺得孤單，就讓我們更願意努力下去，使更多人能在家中、社區或教會裡獲得這份資源。

這本組長手冊是專為幫助你們能成功舉辦課程而設計的。有一點非常重要就是，組長須熟悉本課程的關鍵要素，和小組帶領人的角色。此外，這本手冊也提供快速的查閱，我們發現這本手冊上的核對清單與時間表，對我們舉辦課程幫助甚大。

如果你們開始舉辦課程，請至**relationshipcentral.org**網站登記。如此可使住在你們那區域的潛在來賓，也能按址前去參加你們的課程。此外，我們亦可提供你們協助。

如有任何問題，請務必聯絡我們，也請務必讓我們知道你們進行的情況。我們十分樂意收到其他舉辦課程者的意見反饋及反應。

Nicky and Sila

李力奇與李希拉

青少年親子教育課程創始人

簡　介

本課程是專為育有11至18歲青少年的父母所設計的，始於1997年英國倫敦的布普頓聖三一堂（HTB），教材則於2011年出版。我們收到來自世界各地的要求，希望能使用這份資源，以及專為育有0至10歲孩子的父母所設計的兒童親子教育課程。

本課程是為所有青少年的父母或照顧者所寫的，無論是自認熟諳教養技巧，或還在艱辛奮鬥的人，也無論是單親、或繼父母。來上課的來賓可以是一個人，也可以是夫妻一起。本課程的實用工具可供每一位負責照顧11至18歲這個年齡層的人使用。

本課程共有五課，每週一堂，每堂歷時2.5小時，當中包含用餐時間。不過，也可以把每一課拆成兩堂，每堂歷時1.5小時，同樣每週一堂，如此共十週。由於想到可做這樣的安排，所以DVD每一課的講課內容都分成上下兩集。

理想上，每堂課都先從吃吃喝喝開始，給賓客有機會放輕鬆，且能在友善親切的環境中和其他父母交談。營造美好的氣氛是本課程一個重要部分。同樣重要的是，要讓每位賓客放心，他們不必公開任何不想透露的家庭生活與教養的資訊。不過，許多人都發現到，在小組中與其他同為父母者討論經驗，是本課程讓他們獲益良多的原因之一。

用餐後，由組長向賓客致詞歡迎，報告注意事項，然後提供機會快速複習前一（幾）課，接著播放當日DVD課程，或自己講課。

每一課的講課中間都有休息，給來賓機會討論在聽講中引發的問題。倘若來賓超過10位，最好至少分成兩組，以子女年齡為分組依據（最大的孩子年齡），每組都要有一位帶領人從旁促進小組討論。

如何舉辦課程

本課程的設計讓你們舉辦起來一點都不難，尤其若採用DVD就更容易了。或許最後你們仍決定自行講課，但我們會建議初次舉辦者最好使用DVD，這樣你們就可以把精力集中在招待來賓，營造最佳氣氛。

無論你們決定用DVD或自己講課，依然需要給每位來賓一本來賓手冊。手冊裡包含小組討論題目，以及課中和課後練習。

使用DVD

所有的講課都有DVD，除了力奇與希拉在攝影棚裡的講課，還包括街頭訪問、教養專家的訪談剪輯，以及嘉賓專訪，應邀嘉賓有父母也有11到18歲的青少年，分享他們教養與被教養的經驗。

DVD會指示你何時暫停，讓來賓做作業或討論。在這本組長手冊的22–41頁有DVD中每一堂講課長度的時間表。

現場講課

如果你們要現場講課，理想上應該由一位母親和一位父親擔任。預備工作如下：

- 每一堂上課前先觀看該課的DVD內容，也不妨閱讀《親子教育（暫譯）》（The Parenting Book）的相關單元。
- 看完DVD後，決定每一單元由誰來主講，一定要兩人輪流，才能夠針對每一主題分別呈現母親和父親的觀點。當然一般來說，現場的二人組並不會像DVD裡的兩位講員那樣頻繁地一來一往。

- 兩人先講好你們要分享自家的哪些故事，要確定不會讓子女現在或將來感到尷尬。若舉負面例子，只舉自己為例，不可舉子女或另一半為例。
- DVD裡有「訪談剪輯」，可在課堂上選取播放專家和嘉賓的訪談。
- 決定要播哪些剪輯片段，全部播放時間會不夠。

典型的一堂課程架構

五週的課程

一堂課，包含用餐，以不超過2.5小時為準。我們強烈建議不要縮短討論時間，因為這往往是本課程中讓人獲益最多的部分。第22-31頁有五週課程的時間表建議。

十週的課程

把每一課分成上下兩集，如此可將五堂課延長為十週的課程，每一堂課則以不超過1.5小時為準。第32–41頁有十週課程的時間表建議。

1. 歡迎

有些來賓初來乍到，難免有些緊張和擔心，所以先請他們喝點東西，親切地歡迎他們，有助於放輕鬆。

小祕訣：
男士對於來上課尤其會猶豫不決，所以若由男士來接待他們，效果會很好。

2. 用餐

晚間課程

用餐時間很重要，不但讓賓客彼此認識，聊聊父母經，也是在下班後或讓孩子睡覺後到這裡來放鬆一下，總之要讓大家都很自在，所以請務必營造親切而友善的氣氛。通常最好是用過主餐後，先聽講課，接著在15分鐘的練習／討論時間中，上糕餅、甜點和咖啡、茶。

日間課程

餐點可以是早餐，或是輕食，包含茶和咖啡、餡餅、水果與優格、堅果、鬆餅、蛋糕和餅乾等。就像在晚上舉行的課程一樣，餐點可讓來賓放鬆心情，並提供機會認識其他的父母或照顧者。

3. 報告事項與複習課程

從第2週起，先給來賓幾分鐘的時間複習上週課程內容，來賓手冊中有上週（或前幾週）課程複習，來賓可以兩、三人為一組，或按照小組，彼此分享經驗與心得。

4. 講課（上集）與簡短的練習／討論時間

五週的課程

每一堂的講課內容都分成上下兩集，每一集約30分鐘，DVD上有清楚的暫停指示。上集之後有15分鐘的休息，讓來賓享用茶或咖啡，以及糕餅等甜點。這時請看手冊中有無指示填寫練習，若有，可按小組或兩、三人為一組，填寫完後互相討論（夫妻一起來的，可兩、三對為一組，若是單親者則以兩、三人為一組）。

十週的課程

每週播上集或下集，看完後就是練習和討論，播放上集時，簡短的練習／討論時間從15分鐘，可至少延長至半小時，討論手冊中「10週課程使用」的題目。

5. 講課（下集）

五週的課程

接著看下集的講課內容。倘若在剛才的討論中有個主題，小組中某些人感到特別重要，帶領小組討論的人可以將該主題放到最後再來討論，最好不要將播映下集講課的時間延後，那樣最後的討論時間就不夠了。有時候看完下集之後，再來討論會更順利。

6. 小組討論

五週與十週的課程

每一堂講課之後進行，時間約半小時，每一小組都有一帶領人以促進大家參與討論，討論題目在來賓手冊中，目標不在於得到所有的答案，而在於讓每一位來賓都有機會發言。帶領人偶爾可以視情況需要分享自己的經驗。小組可以依照最大孩子的年齡來分組，確保每一小組的父母都在類似的教養階段，有類似的問題可討論。如果小組的帶領人也是為人父母，理想上他或她至少要有一個小孩和該組來賓的孩子年齡相同。

7. 結束

五週和十週的課程

請務必按照預定時間結束，好讓要準時離去的來賓感到自在。最好是由帶領人宣布聚會結束，並站起身，不管討論進行得多熱烈或尚未得出結論。晚間課程的來賓有些因安排照顧孩子的因素，需要準時離開，而日間課程的來賓有些則需接孩子放學或下課，都不宜拖延時間。

不急著離開的來賓可能想要繼續聊一聊，在小組討論中提出的問題不一定會有明確的解答，提出問題並聽其他父母的經驗談，可幫助來賓知道他們並不孤單，碰到類似挑戰的大有人在，並能將眼光放長遠些。

8. 家庭作業

手冊中有些作業是讓來賓帶回家做，下次上課再來討論的。這部分也很重要，因為有助於來賓將課程主題應用到自身的情況。（鼓勵來賓做家庭作業時，請向他們保證不必交給老師評分！）

9. 反饋

五週與十週的課程

最後一堂課發給每位來賓一張問卷，一方面讓來賓回顧課程內容，一方面也給組長反饋意見。應在用餐時間發給來賓填寫，課後交回。（問卷範例可從我們的網站下載：**relationshipcentral.org**）

營造合宜的氣氛

溫馨與接納的氣氛對於課程效果至關緊要。務必讓來賓感到放鬆，能夠自在地談論敏感問題，這唯有在合宜的氣氛下方有可能。

1. 選擇最佳場地

關鍵在於找到一個可以讓你營造溫馨氣氛和享用餐點的場地： 假如參加的人數不多，通常最佳場地就是在家裡面。

- 倘若人數很多，可以在教會、餐廳、離峰時間的咖啡店、學校教室、飯店等。

2. 親切、有趣和輕鬆的佈置原則

- 倘若不是在家中舉辦，而場地並不吸引人，那麼請找善於佈置的人，把它改造成充滿溫馨、友善和輕鬆的地方。只要一點創意，即使最單調的房間也可以轉變成絕佳的場地。
- 將座椅排成一圈以便小組討論，若能圍著咖啡桌或茶几坐是最理想，可讓每一位來賓都有歸屬感（尤其獨自前來的），也有助於每一個人發言與小組討論。這種座位安排也能幫助來賓比較容易聊天、交朋友，不論是在餐點或討論時間。討論時如有必要，各人可以自行調整座椅（參見第42頁教室佈置建議）。
- 用餐時間和課後時間請將燈光轉為柔和，並播放輕柔的背景音樂，以營造輕鬆的氣氛。

3. 提供餐飲

- 課前提供餐飲，讓來賓有機會放鬆、彼此認識。
- 課程若排在晚上，來賓可以在下班後直接過來，不必擔心晚餐。建議在上課前享用主餐，至於咖啡、茶、糕餅、甜點等，在課間休息或練習／討論時間再享用。

4. 提供最佳服務

- 有些來賓對於上課有些緊張和擔心，所以服事團隊如能有最貼心的服務，讓他們有賓至如歸的感覺，可幫助他們放鬆心情，自在地參與。
- 在五週的課程中，由小組帶領者為來賓倒咖啡和茶，來賓可由此看出你們的關心，並且他們的家庭生活在你們眼中是很重要的。

小祕訣：
在咖啡桌或茶几上鋪桌布、擺餐巾、插一朵鮮花或點個蠟燭，像高級餐廳一樣，可給人特別的感受，有助於營造美好氣氛。

帶領小組討論

小組帶領人的角色對於來賓的上課經驗非常重要，如果小組不只一個，務必讓所有帶領小組討論的人在課前先聚集，確認他們都了解自己的角色，他們除了促進小組討論外，還要在課前與課間擔任招待。每個小組的帶領人都應該有這本組長手冊。

理想的情況是，每一小組至少有兩名帶領人，假如小組中有作爸爸的、也有作媽媽的，那麼帶領人最好是一男一女。

1. 帶領人的角色

- 主要是歡迎與接待來賓，介紹他們彼此認識，為他們倒茶或咖啡，關心近況，並在每一堂課的練習與討論時間鼓勵大家發言。
- 第一堂課的第一次討論時間，帶領人應鼓勵大家盡量發言，不方便講的部分可以不講。也請來賓尊重他人，彼此保密，小組討論所談的內容不外流。
- 帶領人並不是指導員，任務是鼓勵發言、促進對話與討論，而不是教導來賓如何養育兒女（那是講課的目標！）。小組的帶領人也可以提供自己教養／照顧子女的經驗，但需切合該堂課探討內容。他們應以鼓勵與肯定為目標，所以在分享經驗與祕訣時要用「我」或「我們」（例如，「我／我們」發現這一點很有用……），而不要用指教的口吻（「你不要再那樣做了，應該這樣做」）。因為說「我」可讓來賓自由表示同意或不同意，而不會感覺被論斷。

2. 課前預備

- 小組帶領人應當熟悉來賓手冊中的討論題目，上課前就要預備好。
- 如能在課程前預讀《親子教育》（暫譯）則更好，如此可熟悉每堂課所涵蓋的各項主題，因為書中的內容比課程更豐富。這本書涵蓋從出生至18歲子女的親子教育，讓我們可以更長遠的眼光看待青少年。

3. 實際執行的細節

- 先把座椅排好，讓來賓可以彼此看見、聽見。
- 帶領人的位子要能看見所有組員。
- 燈光要充足，好讓來賓需要時可閱讀手冊並作筆記。
- 檢查通風狀況，不要太悶、也不要太冷。

- 準時——以準時開始、準時結束為目標。
- 如果來賓在10人以上，也有足夠的帶領人，則分成兩組較佳，讓每個人都有機會發言。

4. 小組討論會被兩種帶領風格破壞

- 軟弱型——沒有預備好，發言機會都讓某一個人占去。
- 強勢型——自己唱獨腳戲，沒有給其他人表達意見的機會。

5. 問開放式的問題

- 所謂「開放式」問題，就是不能光答是與否，而是容許有不同的反應，例如：「目前你在教養兒女上面臨最大的挑戰是什麼？」「你選擇來上課的主要原因是什麼？」「你希望從這套課程獲得什麼？／你希望能有什麼收獲？」
- 請依照來賓手冊中的問題來進行小組討論，除非有來賓提出一個令多數組員感興趣的問題。
- 倘若未能將來賓手冊中的問題全部討論完，也不要緊，儘可能多用這些問題讓討論持續進行，同時儘量讓每一位來賓都發表意見。
- 假如只討論了一、兩題，眼看時間快到，應在結束時間前幾分鐘，問小組：「有沒有人想要討論手冊上的其他問題？」若有，請對小組說，這個問題留到下一次討論（放到用餐時間或小組討論時間）。
- 先準備一些延伸的問題，以備萬一引不起討論，場面尷尬時可派用上場。
- 有兩個基本問題可問：「你有什麼看法？」和「就剛才所聽到的你感覺如何？」
- 若有來賓提出問題，不要自己作答，而是問小組：「大家有什麼看法呢？」
- 避免高姿態，對每一個人都要尊重，對每個看法都要顯出興趣，就算你不同意。

6. 要作好答不出問題的心理準備

- 假如有人提出超過你的經驗或知識的問題，應坦白說你不知道，不必害怕。必要的時候，可告訴提問的來賓，你會去查資料，等下次上課再回答。
- 從《親子教育》（暫譯）或來賓手冊附錄的推薦書單中的書籍去找，是否涵蓋那個問題。（在我們的網站**relationshipcentral.org**有更多推薦書籍）
- 下週上課時，關於那個問題，可在用餐時間與提問的來賓個別聊，或在小組討論中再次提出來討論。
- 假如所提出的問題需要專家協助，請鼓勵該位來賓找醫生或受過訓練的諮商師談。

轉介

上課之前，帶領者應先找出本地有無任何可用的資源，當碰上超過自身經驗和課程範圍的問題時，可以轉介過去。

不論是課程所提出的、或生活中碰到的問題，來賓可能會希望找一位受過訓練的諮商師談。對某些父母來說，本課程將是他們尋求協助的第一步。

可能的話，先蒐集可處理教養問題的諮商師、教育心理學者或輔導的聯絡方式。以英國為例，可轉介到英國諮商暨心理治療協會（British Association for Counselling and Psychotherapy），基督徒諮商師協會（the Association of Christian Counsellors）或是英國心理治療理事會（the UK Council for Psychotherapy）。此外，來賓孩子的學校可能會有教育心理學家可轉介諮詢。再不然，也可推薦來賓去找醫師，尤其倘若問題牽涉到他們本身或子女的身體或情緒健康的話，更須轉介給專業醫師。

推廣課程

以下是有助於推廣課程的方式：

- 邀請你們教會的領袖一起參與。協助教會的領導者看到本課程的異象，以及本課程會帶給教會成員和附近其他父母很多好處。
- 請求在主日崇拜時間報告此課程。運用各種辦法公佈開課時間，如教會網站、週報、佈告欄等，大力邀請會友參加。
- 運用影片（請上**relationshipcentral.org**網站）引起父母和其他照顧孩子的人的期待心情。此三分鐘短片不但簡介課程綱要，也會令人想進一步了解。
- 想想其他可以展示海報和邀請卡的地方（關於海報和邀請卡，請至 **alphashop.org** 和 **alphaprintshop.org** 網站）
  - 本地各教會
  - 各學校
  - 診所的候診室
  - 本地圖書館
  - 義賣商店
- 設法讓一篇有關本課程的文章登在當地報紙上，或上本地廣播電台接受訪問。
- 在父母會經常出入的場所詢問可否放置邀請卡或海報，如：
  - 報章雜誌販售處
  - 健身中心
  - 本地的其他商店
  - 本地的休閒中心／游泳池
- 別忘了，使人報名上課的主要原因是個人推薦。所以在最後一堂課時，務必發給每位來賓邀請卡，鼓勵他們至少向一位作父母的人推薦此課程，如此你們課程就能生生不息。
- 請至 **relationshipcentral.org** 網站登記你們的課程時間，如有人上網瀏覽本地課程資訊時，可以找到你們舉辦的課程而報名參加。

快速
核對清單

除了本手冊上的時間表，你們還需要以下物品：

- [ ] 一套青少年親子教育課程DVD
- [ ] 青少年親子教育課程來賓手冊（參加者每人一本）
- [ ] 音樂（及播放方式）——在用餐時間和上完課後播放，用MP3播放器中的播放清單是最容易的方式
- [ ] 餐飲（冷熱飲，包括咖啡和茶）
    晚上的課程——主餐和蛋糕或餅乾
    早上的課程——早餐或上午點心
    例如餡餅、水果和優格、蛋糕和餅乾
- [ ] 桌椅、適合的燈光、桌巾、餐巾、蠟燭、花瓶與鮮花
- [ ] 盤子、杯子、咖啡杯與碟
- [ ] 參加者名單和名牌。帶名牌有助於大家彼此認識。若參與人數多，名牌上除了來賓姓名外，應加上組別（如第1，2，3組等），幫助大家快速找到自己所屬的組別
- [ ] 筆
- [ ] 多準備幾本來賓手冊，以備萬一有人忘了帶，裡面要夾一張白紙，讓借用的來賓作筆記（以免寫在借用的手冊上）

小祕訣：
不妨準備一本《親子教育（暫譯）》，因為有些來賓會想要多了解某一課的內容，也可以送給每位來賓一本，費用包含在上課費用內。

- ☐ 一張展示推薦書單上之書籍的桌子（非必須的）
- ☐ 多準備一套（幾套）課程DVD，以備缺課的來賓借用，準備借用單供填寫，以掌握借用與歸還狀況
- ☐ DVD播放機
- ☐ 電視機、螢幕或投影機
- ☐ 講員用的麥克風與講台（人數較多的課程會需要）

小祕訣：
欲獲得最新消息與資源，建議定期上我們的網站：
relationshipcentral.org

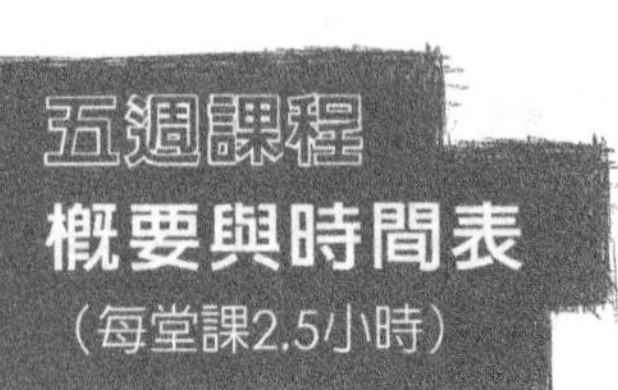

第一課—— 記住最終的目的

1. 課程概要

第一課幫助父母看清楚他們的長期目標，以及維持與建立與青少年子女之關係的價值。上集主要著重在青春期所帶來的變化，今天的青少年和父母所面對的壓力，以及父母當如何能夠幫助青少年成為成熟又負責任的成年人。下集談到家庭的重要功能，就是提供青少年一個安全和接納的地方，讓他們可以在這裡學到良好的價值觀，同時家也是個好玩的地方，讓他們可以在這裡學到如何建立健全的關係。

2. 核對清單

- 請看第20-21頁的快速核對清單

3. 時間表

（以下時間表是以晚上上課的晚間課程為準，其他課程時間上課，只要更改上課時間，依序類推即可）

6.30　組長和小組帶領者聚集禱告

6.45　一切就緒！（第一堂課常常會有來賓提早到），主動替來賓倒飲料。

7.00　用餐（倘若來賓超過10人，應分小組帶開用餐）

7.30　致詞歡迎，以及報告事項

– 「歡迎各位來參加青少年親子教育課程，每一堂課都包含講課與討論兩部分，大家可以和其他父母討論子女教養的問題。請大家放輕鬆，如有任何關於你的孩子或家庭生活的細節是你不想透露的，可以不談，沒有關係。」

–「如果您有哪一堂課不能來，我們有課程DVD可供借閱。」（如果有的話）

–「如果您有關於子女教養的問題是本課程沒有涵蓋的，我們可以提供本地的家庭諮商師聯絡資料給您，或者由我們幫您聯絡。」

–「接著我們先用幾分鐘輪流自我介紹。請先向大家介紹你的姓名、你子女的年齡，還有你目前在教養11到18歲的孩子上碰到的最大挑戰是什麼。我們要特別提醒大家，秉持互相尊重的原則，舉凡在課堂上所分享的個人與家庭生活訊息，都請不要外傳出去。」

請注意：以下時間是按照DVD上的講課時間長度所定。

7.45 開始播放DVD（或你們的現場講課）——上集：了解過渡時期（27分鐘）

8.12 寫練習與討論

「請翻開手冊上的練習：培養品格，開始填寫。寫好以後，請以兩人或三人一組討論。如果你們是夫妻一起參加，建議你們兩人討論已經有的和想要做的改變。」

（小組的帶領人上茶、咖啡和甜點）

8.27 播放DVD（或現場講課）——下集：建立穩固的關係（32分鐘）

8.59 小組討論（請使用來賓手冊中的討論題目）

9.30 準時結束。鼓勵來賓在下次上課前完成手冊中的家庭作業練習1和2，並提醒他們別忘了帶手冊來上課。

現場講課：視情況以簡短的禱告結束課程。範例：

「主啊，我們為祢所賞賜的孩子獻上感謝；感謝祢，他們每一個都是獨特的，都有他們自己獨特的個性和天賦。感謝祢賜給我們教養的特權，使我們得以塑造和影響他們的生命，求祢幫助我們完成這具有挑戰性的任務。我們也為來上課的每一位父母禱告，求祢幫助每一位在上完這課程後都能對於父母的角色更有自信，也有更好的裝備。奉耶穌的名禱告，阿們。」

第二課 — 滿足青少年的需求

1. 課程概要

青少年需要有自信心，而這份自信來自他們知道自己是被疼愛的。他們的行為往往就像指示器，會顯示他們「情感槽」（emotional tank）是否滿盈。上集中說明了五種愛之語的觀念，我們要用能讓青少年感到被愛的方式來表達我們的愛。此外也鼓勵父母找出最能讓他們的青少年感受到不同的表達愛的方式。下集中談及成人和青少年溝通方式的差異，以及父母好好專注傾聽的重要性，傾聽可顯示父母能同理孩子的感受。

2. 核對清單

- 請看第20-21頁的快速核對清單

3. 時間表

6.30　組長和小組帶領者聚集禱告

6.45　為早到的來賓倒飲料

7.00　分組用餐

7.30　報告事項與回顧前週課程

- 「歡迎已經上過第一課的來賓，也歡迎今天第一次來的朋友。」
- 「如果你忘記帶來賓手冊，我們這裡有備份可以借用，請把你的筆記寫在白紙上，回家後再把筆記騰在你自己的手冊上。」

–「每堂課一開始都會先複習前面的內容，請翻開你的手冊，看上週課程複習。請在小組中分享哪個部分對你最有切身的幫助，還有過去一週中你是否安排『家庭時間』，若有，請分享如何進行，情況如何？」

7.40 播放DVD（或現場講課）——上集：五種愛之語（33分鐘）

8.13 練習與討論

「請填寫手冊中的練習『五種愛之語的順序』，然後兩到三人為一組，彼此分享你們所寫的。如果你們是夫妻一起來參加，建議你和另一半一起討論，看你們可以怎麼做，好讓孩子有所改變。」

（小組的主持人上茶、咖啡和甜點）

8.28 播放DVD（或現場講課）——下集：有效的溝通（26分鐘）

8.54 「請翻開手冊中的練習『複述』，兩人為一組，一人扮演青少年，另一人扮演父母。請『青少年』跟『父母』講一件很煩惱或不高興的事情，勿超過一分鐘，『父母』傾聽後把他認為接收到的『青少年』的感受複述一遍，要按捺住想給建議或叫孩子放心的衝動。目標是在練習同理心，去感受青少年所不一定能表達清楚的感覺。對話持續一兩分鐘後，互換角色再練習一遍。」

9.05 小組討論（討論題目在來賓手冊中）

9.30 準時結束。鼓勵來賓在下次上課前完成家庭作業練習1和2。

現場講課：視情況以簡短的禱告結束。範例：

「主啊，感謝祢總是傾聽我們，所以我們可以向祢傾心吐意。感謝祢用各種方式向我們保證祢的愛。求祢幫助我們愛我們的孩子，用我們的時間、言語、肢體接觸、禮物和行動來表達愛。也求祢賜給我們洞察力，使我們知道最能讓每個孩子感到被愛的主要愛之語是什麼。我們也要為親子溝通不良的家庭禱告，求祢使他們能突破現狀，找到溝通的新起點。奉耶穌的名禱告，阿們。」

第三課── 為青少年立界線

1. 課程概要

本課要分享的是教養青少年當如何漸漸放手，逐漸給孩子更多的自由和責任。上集讓大家認識比較不同的教養風格（忽略型、獨裁型、溺愛型和權柄型），也指出既溫暖又堅定（權柄型教養）的方式，對青少年的健康發展最為有益。本課鼓勵父母要把自己看作是和青少年站同一邊的，藉著容許他們在安全範圍內儘量由自己作決定，來幫助他們邁向成熟。下集則講到父母的角色要從「控制者」逐漸轉為「顧問」，也講到和青少年商量的重要性，以及當青少年違反界線時，需要適當地讓他嚐到行為的後果。

2. 核對清單

- 請看第20-21頁的快速核對清單

3. 時間表

6.30 組長與小組帶領者聚集禱告

6.45 為早到的來賓倒飲料

7.00 分組用餐

7.30 報告事項與回顧前週課程

– 「上一課我們分享如何讓我們的孩子感到被愛，我們推薦了蓋瑞・巧門的《愛語祕笈──與新一代溝通5式》，這本書可讓你更了解如何有效地向每一個孩子表達愛。」

– 「現在請翻開你的手冊，看上週課程複習。上週以來你是否曾嘗試運用五種愛之語中的一種，重新向你的孩子表達愛呢？若有，效果如何？請在小組中討論。」

7.45 開始播放DVD（或現場講課）──上集：漸漸放手（30分鐘）

8.15 練習與討論

「請翻開手冊中的練習『運用權柄』，寫完後，兩、三人為一組互相討論。如果你們是夫妻一起來上課，建議夫妻為一組討論。如果你是一個人來，請找一至二位一起討論。」

（小組的帶領人上茶、咖啡和甜點）

8.30 播放DVD（或現場講課）——下集：鼓勵負責任（27分鐘）

8.57 小組討論（討論題目在來賓手冊中）

9.30 準時結束。鼓勵來賓在下次上課前完成家庭作業練習1和2。

現場講課：視情況以簡短的禱告結束。範例：

「主啊，感謝祢引導我們，指示我們美好生活之道。感謝祢賜下祢的愛和界線，讓我們得以活出豐盛的生命。求祢幫助我們引導我們的青少年子女，好讓他們在信任與責任心上長進，成為懂得關心別人的人。求祢幫助我們把心中的恐懼和渴望都交託在祢手中，好讓我們對孩子漸漸放手時，他們能感到自己可以自由地成為祢創造他們要成為的人。奉耶穌的名禱告，阿們。」

第四課── 培養健康的情緒

1. 課程概要

健康的情緒包含學習如何處理怒氣。上集講到生氣的不當反應──「犀牛型」和「刺蝟型」行為──以及父母如何學習管理自己的怒氣，同時幫助青少年學習管理他們的怒氣。下集談的是有效化解衝突的六項原則，大人要以身作則，然後運用在解決父母與青少年的衝突上。最後一部分是藉著讓青少年接受失敗、不拿他們跟別人比較，營造足夠的空間給他們放鬆，並和他們談心中的憂慮，來幫助青少年管理他們的壓力。

2. 核對清單

- 請看第20-21頁的快速核對清單

3. 時間表

6.30 組長與小組帶領者聚集禱告

6.45 為早到的來賓倒飲料

7.00 分組用餐

7.30 報告事項與回顧前週課程

- 「下週會有推薦書目的特價活動，歡迎選購。」（視情況宣布須用現金支付，或是有提供刷卡服務。）
- 「請看來賓手冊的上週課程複習，想想看你上一週有沒有碰到需要給孩子立界線的例子，然後在小組裡分享實施的結果，互相討論。」

7.45 開始播放DVD（或現場講課）──上集：處理怒氣（我們父母自身的和孩子的）（29分鐘）

8.14 練習與討論

「請填寫手冊中的練習『表達怒氣』，寫好後，兩、三人為一組討論。如果是夫妻一起來上課，建議夫妻為一組討論。如果是一個人來，請找一至二位一起討論。」

（小組的帶領人上茶、咖啡和甜點）

8.29 播放DVD（或現場講課）——下集：化解衝突與處理壓力（31分鐘）

9.00 小組討論（討論題目在來賓手冊中）

9.30 準時結束。鼓勵來賓在下次上課前完成家庭作業練習1至3。

現場講課：視情況以簡短的禱告結束。範例：

「主啊，我們感謝祢，祢是慈愛的神、平安的君王。感謝祢指示我們一條化解衝突和建立鞏固的家庭關係之道，求祢幫助我們與子女的關係越來越好。我們願學習用健康的方式處理我們的怒氣和壓力，也裝備我們的孩子具備同樣的能力。我們也要為親子關係已經變得緊張的父母禱告，求祢賜下鼓勵和對未來的盼望，也求祢拉近他們的親子關係。奉耶穌的名禱告，阿們。」

第五課— 幫助青少年做好的選擇

1. 課程概要

最後一課的焦點在青少年將面對的選擇上，尤其關於今天的幾項重大問題：毒品、酒、性，和上網。上集要來看父母帶給孩子的影響，還有為了保護青少年，父母需要把正確的資訊和價值觀傳遞給孩子，同時也要給孩子較長遠的眼光。下集講到父母可以怎樣有效地裝備孩子，好讓他們長此以往都能做好的選擇，包括如何針對情況和孩子深談，找一些好的榜樣，創造健康的家庭傳統，以及常常為孩子禱告。

2. 核對清單

- 請看第20-21頁的快速核對清單

3. 時間表

6.30　組長和小組帶領者聚集禱告

6.45　為早到的來賓倒飲料

7.00　分組用餐

7.30　報告事項與回顧前週課程

– 「下課後請把握特價的機會購買推薦的書籍。」

– 「請儘量拿下一期課程的邀請卡，給任何你認為會對青少年親子教育課程有興趣的人。」

– 「上完本課程的夫婦不妨接著參加婚姻課程，如果你們想一起來上課的話，歡迎報名參加，也請多拿一些邀請卡，邀請別人來參加。」

– 「啟發課程是探索人生意義、討論基督教信仰的好機會。這套課程已經幫助許多父母確定他們希望將哪些信念與價值觀傳遞給下一代。這裡有課程邀請卡，請踴躍參加。」

–「請您花幾分鐘填寫問卷，不但可幫助您回顧整個課程，並且您所給我們的反饋能幫助我們下次把課程辦得更好。課程結束前我們會給大家幾分鐘填寫問卷。」

請從我們的網站：**relationshipcentral.org**下載問卷。

7.45 開始播放DVD（或現場講課）— 上集：用更遠的眼光來看（35分鐘）

8.20 練習與討論

「請填寫手冊中的練習『長期的價值觀』，寫好後，兩、三人為一組互相討論。如果你們是夫妻一起來上課，建議夫妻為一組彼此討論。如果你是一個人來，請找一至二位一起討論。」

（小組的主持人上茶、咖啡和甜點）

8.35 播放DVD（或現場講課）— 下集：預備我們的青少年（22分鐘）

8.57 小組討論（討論題目在來賓手冊中）

9.30 準時結束。請來賓離去前先填寫問卷並交回。

現場講課：視情況以簡短的禱告結束。範例：

「主啊，我們感謝祢，祢的愛是永遠保護、永遠信任、永遠盼望、永遠忍耐、永不止息。感謝祢，祢知道並且了解每一位父母在引導青少年子女做好的選擇時所面對的挑戰。求祢幫助在這裡的每一個人在遭遇困難時仍保持對子女的愛，好讓我們從現在到將來，都能建立或重建與孩子的親密連結。主啊，求祢成就祢在每一個孩子身上的旨意，也願每一個孩子性格成長，越來越能反映出祢的愛與仁慈。奉耶穌的名禱告，阿們。」

十週課程 概要與時間表
（每堂課1.5小時）

有些組長比較喜歡把課程分成十週，而不是五週。如果你們把課程安排在早上，就可能需要分成十週。也就是把五週的課程分成上下兩集，每週只上一集。

（以下時間表是按照早上上課的日間課程來訂的。）

請注意：講課的時間長度是依據DVD而訂的。

第 1 週

第一課—記住最終的目的，上集

10.00 歡迎來賓，並請他們先享用茶點（咖啡、茶、餡餅、水果、優格與糕餅等）

10.15 致詞歡迎和報告事項

- 「歡迎各位來參加青少年親子教育課程，每一堂課都包含講課與討論兩部分，大家可以和其他父母討論子女教養的問題。請大家放輕鬆，如有任何關於您的孩子或家庭生活的細節是你不想透露的，可以不談，沒有關係。」
- 「如果您有哪一堂課不能來，我們有課程DVD可供借閱。」（如果有的話）
- 「如果您有關於子女教養的問題是本課程沒有涵蓋的，我們可以提供本地的家庭諮商師聯絡資料給您，或者由我們幫您聯絡。」

–「接著我們先用幾分鐘自我介紹。請先向大家介紹您的姓名、您子女的年齡，還有您目前在教養11到18歲子女上碰到的最大挑戰是什麼。」

10.25 開始播放DVD（或你們的現場講課）——上集：了解過渡時期（27分鐘）

10.52 練習與討論

請來賓填寫練習「培養品格」，然後小組討論（請看來賓手冊中「10週課程使用」的討論問題）

11.30 準時結束。鼓勵來賓在下次上課前完成家庭作業練習1。視情況以簡短的禱告作結束（DVD中上集結束時並沒有作禱告），範例：

「主啊，我們為來這裡上課的每一位來賓的青少年或少年孩子獻上感謝；感謝祢，他們每一個都是獨一無二的，是特別的。求祢幫助我們在他們青春期的高低起伏中和他們建立美好關係，並得以看到他們培養出美好性格。求祢幫助他們成為成熟而負責任的成年人。奉耶穌的名禱告，阿們。」

第 2 週

第一課——記住最終的目的，下集

10.00 歡迎來賓，並請他們先享用茶點

10.15 報告事項與複習上週內容

–「歡迎已經上過第一課的來賓，也歡迎今天第一次來的朋友。」

–「如果你忘記帶來賓手冊，我們這裡有備份可以借用，請把你的筆記寫在白紙上，回家後再把筆記謄在你自己的手冊上。」

–「每堂課一開始我們都會先複習前面的內容，請翻開

你的手冊，看第一週課程複習。然後請在小組中（或兩、三人為一組）分享過去一週以來你在教養上是否有任何所改變？」

10.25　開始播放DVD（或你們的現場講課），第一課下集：建立穩固的關係（32分鐘）

10.57　小組討論（請用來賓手冊中「10週課程使用」的討論題目）

11.30　準時結束。鼓勵來賓在下次上課前完成家庭作業練習2。現場講課：視情況以簡短的禱告作結束，範例：

「主啊，我們為祢所賞賜的孩子獻上感謝；感謝祢，他們每一個都是獨特的，都有他們自己獨特的個性和天賦。感謝祢賜給我們教養的特權，使我們得以塑造和影響他們的生命，求祢幫助我們完成這具有挑戰性的任務。我們也為來上課的每一位父母禱告，求祢幫助每一位在上完這課程後都能對於父母的角色更有自信，也有更好的裝備。奉耶穌的名禱告，阿們。」

第 3 週

第二課— 滿足青少年的需求，上集

10.00　歡迎來賓，並請他們先享用茶點

10.15　複習

「請翻開手冊複習前兩週的內容。請找同一組的人分享這些內容對你最有切身幫助的是什麼，還有過去這一週你是否已經安排了任何『家庭時間』，若有，請分享進行得如何。」

10.25　開始播放DVD（或現場講課）— 第二課上集：五種愛之語（33分鐘）

10.58　請來賓填寫作業「五種愛之語的順序」，然後小組討論（請用來賓手冊中「10週課程使用」的討論題目）

11.30　準時結束。鼓勵來賓在下次上課前完成家庭作業練習1。視情況以簡短的禱告作結束，範例：

「主啊，感謝祢讓我們對祢的愛有信心，感謝祢藉著祢的靈將祢的愛澆灌在我們心裡。請祢幫助我們向我們的青少年子女表達愛，讓他們對我們的愛有信心，也讓他們有自信，能成為祢創造他們時要他們成為的人。奉耶穌的名禱告，阿們。」

第4週

第二課— 滿足青少年的需求，下集

10.00 歡迎來賓，並請他們先享用茶點

10.15 複習

「請與一、兩位討論上週以來是否使用任何一種『愛之語』，若有，請說說看給你們家帶來什麼改變。」

10.25 播放DVD（或現場講課）— 第二課下集：有效的溝通（26分鐘）

10.51 「請填寫手冊中的練習『複述』，兩人為一組，一人扮演青少年，一人扮演父母。請『青少年』跟『父母』講一件很煩惱或不高興的事情，勿超過一分鐘，『父母』傾聽後把他認為接收到的『青少年』的感受複述一遍，要按捺住想給建議或叫孩子放心的衝動。目標是在練習同理心，去感受青少年所不一定能表達清楚的感覺。對話持續一兩分鐘後，角色互換再練習一遍。」

11.05 小組討論（請用來賓手冊中「10週課程使用」的討論題目）

11.30 準時結束。鼓勵來賓在下次上課前完成家庭作業練習2。

現場講課：視情況以簡短的禱告作結束，範例：

「主啊，感謝祢總是傾聽我們，所以我們可以向祢傾心吐意。感謝祢用各種方式向我們保證祢的愛。求祢幫助我們愛我們的孩子，用我們的時間、言語、肢體接觸、禮物和行動來表達愛。也求祢賜給我們洞察力，使我們知道每個孩子最能感到被愛的主要愛語是

什麼。我們也要為親子溝通不良的家庭禱告，求祢使他們能突破現狀，找到溝通的新起點。奉耶穌的名禱告，阿們。」

第 5 週
第三課——為青少年立界線，上集

10.00 歡迎來賓，並請他們先享用茶點

10.15 複習

「請討論你是否對孩子運用五種愛的語言中的一種，是否實行上週所教的傾聽要點中的任何一點，以及實行後是否讓你和青少年子女的關係有所改變？」

10.25 開始播放DVD（或現場講課）——第三課上集：漸漸放手（30分鐘）

10.55 練習與討論

請來賓填寫練習「運用權柄」，然後小組討論（請用來賓手冊中「10週課程使用」的討論題目）

11.30 準時結束。鼓勵來賓在下次上課前完成家庭作業練習1。視情況以簡短的禱告作結束，範例：

「主啊，感謝祢指示我們正確生活之道，又以祢的靈引導我們。當我們設法在愛的環境下給孩子訂界線時，求祢賜給我們智慧。也求祢幫助我們以正確的速度增加孩子的自由和責任感。奉耶穌的名禱告，阿們。」

第 6 週
第三課——為青少年立界線，下集

10.00 歡迎來賓，並請他們先享用茶點

10.15 複習

「請翻開手冊複習上週內容，想想看哪些對你最有幫

助，然後兩、三人為一組討論。」

10.25 開始播放DVD（或現場講課）——第三課下集：鼓勵負責任（27分鐘）

10.52 小組討論（請用來賓手冊中「10週課程使用」的討論題目）

11.30 準時結束。鼓勵來賓在下次上課前完成家庭作業練習2。

現場講課：視情況以簡短的禱告作結束，範例：

「主啊，感謝祢引導我們，指示我們美好生活之道。感謝祢賜下祢的愛和界線，讓我們得以活出豐盛的生命。求祢幫助我們引導我們的青少年子女，好讓他們在信任與責任心上長進，成為懂得關心別人的人。求祢幫助我們把心中的恐懼和渴望都交託在祢手中，好讓我們對孩子漸漸放手時，他們能感到自己可以自由地成為祢創造他們要成為的人。奉耶穌的名禱告，阿們。」

第 7 週

第四課— 培養健康的情緒，上集

10.00　歡迎來賓，並請他們先享用茶點

10.15　複習

「上週以來你是否碰到需要為孩子立界線的情況？請舉一例，並討論結果。」

10.25　開始播放DVD（或現場講課）—第四課上集：處理怒氣（29分鐘）

10.54　練習與討論

請來賓填寫練習「表達怒氣」，然後小組討論（用來賓手冊中「10週課程使用」的討論題目）

11.30　準時結束。鼓勵來賓在下次上課前完成家庭作業練習1。視情況以簡短的禱告作結束，範例：

「主啊，感謝祢把我們創造為有情緒的人，能夠感受愛和生氣。求祢幫助我們以身作則，控制自己的怒氣，使我們的家成為孩子可以用建設性的方式表達他們正面與負面情緒的安全地方，奉耶穌的名禱告，阿們。」

第 8 週

第四課— 培養健康的情緒，下集

10.00　歡迎來賓，並請他們先享用茶點

10.15　複習

「請討論上週以來你對於處理自己的和孩子的怒氣，是否有什麼領悟？是否帶來什麼改變？」

10.25　開始播放DVD（或現場講課）—第四課下集：化解衝突與處理壓力（31分鐘）

10.56　小組討論（用來賓手冊中「10週課程使用」的討論題目）

11.30 準時結束。鼓勵來賓在下次上課前完成家庭作業練習2和3。

現場講課：視情況以簡短的禱告作結束，範例：

「主啊，我們感謝祢，祢是慈愛的神、平安的君王。感謝祢指示我們一條化解衝突和建立鞏固的家庭關係之道，求祢幫助我們與子女的關係越來越好。我們願學習用健康的方式處理我們的怒氣和壓力，也裝備我們的孩子具備同樣的能力。我們也要為親子關係已經變得緊張的父母禱告，求祢賜下鼓勵和對未來的盼望，求祢拉近他們的親子關係。奉耶穌的名禱告，阿們。」

第 9 週

第五課──幫助青少年做好的選擇，上集

10.00 歡迎來賓，並請他們先享用茶點

10.15 複習

「請討論上週的『化解衝突六原則』中的任何一項，是否幫助你化解親子間的衝突，以及你是否實行了幫助青少年管理壓力中的任何一種方法。」

10.25 開始播放DVD（或現場講課）──第五課上集：用更遠的眼光來看（35分鐘）

11.00 小組討論（用來賓手冊中「10週課程使用」的討論題目）

11.30 準時結束。鼓勵來賓在下次上課前完成家庭作業練習1。

視情況以簡短的禱告作結束，範例：

「主啊，感謝祢引導我們、保護我們。求祢使用我們預備我們的孩子面對試探和重大挑戰。求祢幫助我們將他們做好的選擇所需的資訊和價值觀傳遞給他們，奉耶穌的名禱告，阿們。」

第10週
第五課——幫助青少年做好的選擇，下集

10.00　歡迎來賓，並請他們先享用茶點

10.15　報告事項（如有需要的話）與複習

- 「下課後請把握機會購買推薦的書籍。」
- 「請儘量多拿下一期課程的邀請卡，給任何你認為會對青少年親子教育課程有興趣的人。」
- 「上完本課程的夫婦不妨接著參加「美滿婚姻課程」，如果你們想一起來上課的話，歡迎報名參加，也請多拿一些邀請卡，邀請別人來參加。」
- 「啓發課程是探索人生意義、討論基督教信仰的好機會。這套課程已經幫助許多父母確定他們希望將哪些信念與價值觀傳遞給下一代。這裡有課程邀請卡，請踴躍參加。」
- 「請您花幾分鐘填寫問卷，不但可幫助您回顧整個課程，並且您所給我們的反饋能幫助我們下次把課程辦得更好。課程結束前，我們會給大家幾分鐘填寫問卷。」

（請從我們的網站：**relationshipcentral.org**下載問卷。）

10.30　開始播放DVD（或現場講課）——第五課下集：預備我們的青少年（22分鐘）

10.52　小組討論（用來賓手冊中「10週課程使用」的討論題目）

11.30　準時結束。請來賓離去前先填寫問卷並交回。

現場講課：視情況以簡短的禱告結束。範例：

「主啊，我們感謝祢，祢的愛是永遠保護、永遠信任、永遠盼望、永遠忍耐、永不止息。感謝祢，祢知道並且了解

每一位父母在引導青少年子女做好的選擇時所面對的挑戰。求祢幫助在這裡的每一個人在遭遇困難時仍保持對子女的愛，好讓我們從現在到將來，都能建立或重建與孩子的親密連結。主啊，求祢成就祢在每一個孩子身上的旨意，也願每一個孩子性格成長，越來越能反映出祢的愛與仁慈。奉耶穌的名禱告，阿們。」

教室佈置建議

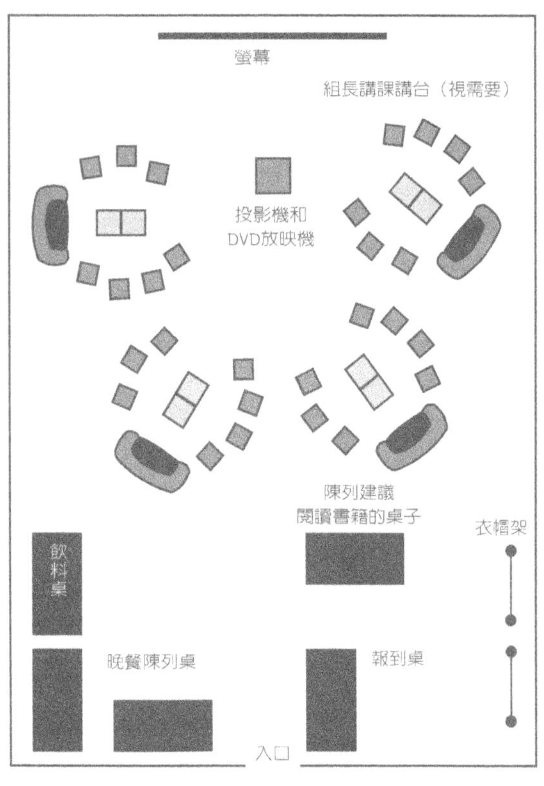

請注意：供小組使用的桌子可以兩張小桌合併（如圖示），也可以用一張大桌子。

聯絡資料

如欲了解給已婚夫婦或同居伴侶的美滿婚姻課程（The Marriage Course），給已訂婚者（準夫婦）的美滿婚姻預備課程（The Marriage Preparation Course），給育有0至10歲子女者的兒童親子教育課程（The Parenting Children Course），或欲進一步了解本課程，請上我們的網站

有關啓發課程（給任何想要了解基督教信仰的人），請上網站

李力奇與李希拉合著

《親子教育》（暫譯）

訂購請至：**alphashop.org**

ISBN 978 1 905887 36 1

Price £7.99

www.ingramcontent.com/pod-product-compliance
Lightning Source LLC
LaVergne TN
LVHW021945220826
846092LV00010B/1230

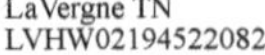

* 9 7 8 9 8 1 0 7 5 9 3 3 9 *